797,885 Books

are available to read at

Forgotten Books

www.ForgottenBooks.com

Forgotten Books' App
Available for mobile, tablet & eReader

ISBN 978-1-332-38983-4
PIBN 10409467

This book is a reproduction of an important historical work. Forgotten Books uses state-of-the-art technology to digitally reconstruct the work, preserving the original format whilst repairing imperfections present in the aged copy. In rare cases, an imperfection in the original, such as a blemish or missing page, may be replicated in our edition. We do, however, repair the vast majority of imperfections successfully; any imperfections that remain are intentionally left to preserve the state of such historical works.

Forgotten Books is a registered trademark of FB &c Ltd.
Copyright © 2017 FB &c Ltd.
FB &c Ltd, Dalton House, 60 Windsor Avenue, London, SW19 2RR.
Company number 08720141. Registered in England and Wales.

For support please visit www.forgottenbooks.com

1 MONTH OF
FREE READING

at
www.ForgottenBooks.com

By purchasing this book you are eligible for one month membership to ForgottenBooks.com, giving you unlimited access to our entire collection of over 700,000 titles via our web site and mobile apps.

To claim your free month visit: www.forgottenbooks.com/free409467

* Offer is valid for 45 days from date of purchase. Terms and conditions apply.

English
Français
Deutsche
Italiano
Español
Português

www.forgottenbooks.com

Mythology Photography **Fiction**
Fishing Christianity **Art** Cooking
Essays **Buddhism** Freemasonry
Medicine **Biology** Music **Ancient Egypt** Evolution Carpentry Physics
Dance Geology **Mathematics** Fitness
Shakespeare **Folklore** Yoga Marketing
Confidence Immortality Biographies
Poetry **Psychology** Witchcraft
Electronics Chemistry History **Law**
Accounting **Philosophy** Anthropology
Alchemy Drama Quantum Mechanics
Atheism Sexual Health **Ancient History**
Entrepreneurship Languages Sport
Paleontology Needlework Islam
Metaphysics Investment Archaeology
Parenting Statistics Criminology
Motivational

ORAZIONE FUNEBRE
IN LODE DI
ELISABETTA FARNESE
REGINA DELLE SPAGNE.

ORAZIONE FUNEBRE
IN LODE DI SUA MAESTA'
ELISABETTA FARNESE
REGINA VEDOVA DELLE SPAGNE,

Recitata li 22. Dicembre del 1766.

DAL P. ADEODATO DA PARMA
CAPPUCCINO,

IN OCCASIONE DE' SOLENNI FUNERALI,

CELEBRATI NELLA CHIESA DE' CAPPUCCINI DI PARMA

PER ORDINE DI S. A. R.
D. FERDINANDO BORBONE
INFANTE DI SPAGNA, DUCA DI PARMA,
PIACENZA, GUASTALLA ec. ec. ec.

IN PARMA,
Appresso Filippo Carmignani.

M DCC LXVII
Con Approvazione.

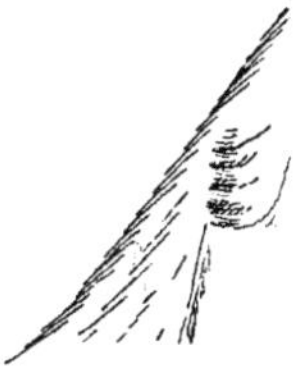

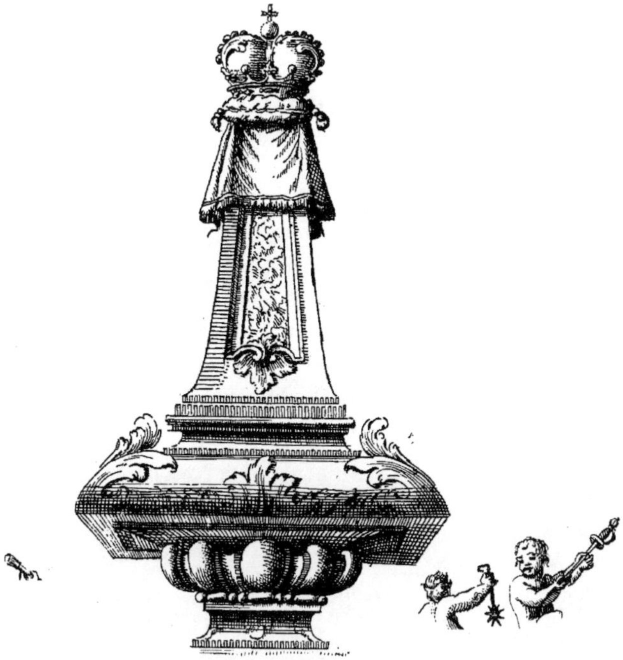

Consilium illius sicut fons vitæ.
Eccli. 21. 16.

ALl'ultimo Germe dell'illustre CASA FARNESE, alla più grande Eroina, che mai uscisse di quel sangue Sovrano, ad ELISABETTA, virtuosissima, e potentissima CATTOLICA REGINA delle Spagne, sono questi gli ultimi onori, funebri lamentevoli onori, che in oggi porge il nostro REAL INFANTE, come tenero Figlio ad una Madre amantissima, come Nipote riconoscente ad

ad un'Ava benefica. Ed in qual luogo, o Signori, forge il rogo funereo alla noftra pietà, ed alle noftre lagrime deftinato? In quefta Chiefa, in quefta Chiefa medefima, il cui pavimento è come fparfo, e feminato di Corone, e di Scettri dalla morte rotti, ed infranti; dove tutto ci parla del nulla delle umane grandezze, e mette in giorno chiariffimo quefta gran verità: ciò, che ebbe incominciamento, volger prefto al fuo termine, e nei divini decreti effere ftabiliti i momenti di lor durata alle più ofcure non meno, che alle più luminofe Famiglie. FARNESE Pianta d'Eroi, qual turbine, qual fero turbine dalle radici ti fvelfe, ed agli occhi noftri ti tolfe? A poche ceneri tu fei ridotta in queft'oggi, ed è pur quefta quella folla breviffima, che le raccoglie. Altro dunque non ci rimane di quel grande ALESSANDRO, il fulmine delle Fiandre, che per lo fuo coraggio, e militare fperienza meritò di contendere col più illuminato, e più valorofo dei Re ENRICO IV. di Francia? (Ah invitti Guerrieri, ftrignete palma con palma, che il voftro fangue dovrà un dì mefcolarfi a fcorrere più gloriofo nelle vene degli Eroi!) Altro
dun-

dunque non ci rimane dei RANUZJ, e degli ODOARDI, e dei FRANCESCHI, Padri un giorno di quefta Patria, e di quefto Stato felici Moderatori? E fon perduti per fempre, e l'Augufta PIANTA è recifa? Oh lezione di difinganno! vanità della terra! Quante lagrime verfar dovremmo fu di quelle ceneri ftefle, fe non foffero le noftre perdite riparate da miglior Fato! Amabiliffimo REAL INFANTE, quai gemiti ci rifparmiate in queft'oggi colla voftra prefenza, colla voftra fanità, con quella mano benefica, che ci foftiene, e colle fperanze anche maggiori, che in voi fviluppanfi allo fvilupparfi degli anni! Ma così è, miei Signori, che gli fteffi Iddii della terra nudi rimangono, e d'ogni cofa fpogliati; muojono alla loro grandezza, e fe vivon pure nella memoria dei fecoli, non vivon già, perchè furon Sovrani, ma perchè furono Eroi, cioè benefattori dell'uman genere. Vivrà eterno nei fafti dell'Europa il nome di ELISABETTA FARNESE, non perchè nacque Sovrana, non perchè fu innalzata ad uno de' più luminofi Troni del Mondo; ma perchè feppe in fe fteffa raccogliere le virtù di quella PIANTA felice, ce, di cui fu l'ultimo frutto, e le virtù di quella PIANTA affai più Augufta, e felice, alla quale venne inneftata. Virtù, che tutte di rapprefentarvi m'avvifo in un fol punto di vifta, col chiamar la noftra Eroina una Donna di gran configlio. Fu lo fpirito del configlio il fonte di quella vita gloriofa, che avrà mai fempre nella memoria de' pofteri: = *Confilium illius ficut fons vitæ.* = Ed in qual maniera, o Signori? Collo fpirito del configlio diriger feppe il fuo cuore: collo fpirito del configlio feppe far ufo di fua grandezza. Altra gravità di eloquenza, ed altro pefo di Orazione richiederebbe, Uditori, la magnificenza dell'argomento; ma qual bifogno dei preftigi della facondia, dove il Nome folo d'una grande Eroina tragge feco la piena delle fue glorie?

Se la buona indole, e generofa è un gran fondamento della Virtù, qual'Anima parve mai meglio alla Virtù deftinata di quello foffe l'Anima grande d'ELISABETTA FARNESE! Il Sangue, da cui traffe l'origine, le portò in feno e fpirito, e vivacità, e bollore; paffioni forti, ma generofe, ed al bene naturalmente inchinate,

fiere

fiere per impeto di natura, ma docili alla difciplina della ragione; un vigor mafchio per voler il giufto, e l'onefto, ed una certa penetrazione viviffima per conofcerlo. Tutta fuoco a concepir grandi idee, lenta abbaftanza per maturarle, e coftante oltre ogni credere per efeguirle. Queft'è il ritratto della noftra Eroina, e fono quefte l'Anime grandi, fu delle quali può tutto e la ragione, e la grazia.

Egli è ben vero, o Signori, che tali Anime non debbono molte volte il titolo di grandi che a certe azioni di ftrepito, le quali non han di grande che lo fpettacolo. Avvi delle occafioni, in cui gli occhi del Pubblico, e la gloria del fucceffo preftano all'anima una forza, ed una grandezza ftraniera. L'orgoglio allora fa prendere come in preftito i fentimenti della virtù, fupera l'uomo fteffo, e più non fi moftra per quel ch' egli è. Quanti Conquiftatori nelle Storie famofi alla tefta dell'Armate, ed in un giorno d'azione parevano più che Eroi, ma nel dettaglio dei coftumi, e nella privata lor Società appena eran uomini! Eccone il perchè. Nell'occafioni di ftrepito l'uomo è come fopra il Teatro: egli rap-

pre-

presenta; ma nel corso ordinario delle azioni della vita egli è in certa maniera come renduto a sè stesso. E' egli solo, che comparisce: abbandona il personaggio, e più non mostra che la persona. Ma non sono questi gli Eroi. Quelli solamente di un tal nome son degni, che sono eguali a sè stessi così in faccia di tutto il Mondo, come negli angoli di lor ritiro. Tale fu ELISABETTA FARNESE, che seppe egualmente e brillar Regina sul Trono, ed occuparsi privata nel domestico di sua Famiglia, e nell'uno, e nell'altra grande comparire, perchè virtuosa. Allo spirito del consiglio di tutto fu debitrice. Ma che cosa è consiglio? Il consiglio è una ricerca della ragione, per cui muovesi la ragionevole creatura ad operar ciò, che è bene. Questa ricerca è il consiglio, ed è un'arte di scegliere tra molti obbietti quello, che merita la preferenza. Lo spirito del consiglio perciò ha due impieghi nell'uomo, rischiarar l'intelletto, e regolare la volontà, dirigere nelle massime speculative, egualmente che nelle pratiche. Questo spirito di consiglio fu il carattere della FARNESE. Cercò sempre il migliore per costantemente abbracciarlo; e quello lo credett'essere migliore, che trovò più conforme a' suoi privati, ed a' suoi sovrani doveri. Con questo diriger seppe il suo cuore in qualità di Moglie, in qualità di Madre; e fu una tenera Moglie, fu una Madre sollecita.

Politici del secolo, in vano vi adoperate a moltiplicare gli ostacoli per impedire Nozze tanto gloriose, quanto quelle di ELISABETTA si furono. Ha prese il Cielo le sue misure, e col Cielo non si contrasta. FILIPPO V. BORBONE, Invitto Re delle Spagne, dar volendo a' suoi Sudditi una Famiglia d'Eroi, sola elesse del suo Trono Compagna la nostra FARNESE, che sola parve degna di Lui. Egli è questo per se un compiuto elogio della gran DONNA, il salire a tanta elevazione per la scelta d'un Principe sì illuminato, e sì grande. Oh Feste sagrate, per cui esultarono queste vie! felici Nozze, pudico Velo, Benedizione, Sacrifizio! Potrò io mescolare la ricordanza di vostre pompe con queste pompe funebri, che ce ne annunziano le rovine? Parmìa allora perdette ciò, che la Spagna acquistò, e ciò, che in oggi e la Spagna, e noi abbiam perduto egualmente.

Introdotta appena nella Cattolica Reggia, quali furono i suoi primi pensieri? Quelli di amare, e di rendersi amabile all'Augusto suo Sposo. Eccola perciò in movimento a tutte ricopiare in se stessa le virtù di FILIPPO, studiarne il cuore, le passioni, i genj, le tendenze per compiacerle; in fine esser simile a Lui, e così compiere quel grande obbietto, che fu da Dio stabilito nel principio del Mondo, quando diede la prima donna al primo uomo compagna. Era nei due Regj Consorti una gara di benevolenza, di pietà, di giustizia; e nell'esercizio delle cristiane tutte, e delle Reali virtù l'uno non era all'altro inferiore, se la nostra Eroina per questo non voglia dirsi inferiore, perchè come Moglie soggetta era, ed ubbidiente al suo Capo. Ma non tardò molto l'avveduto Monarca a discoprire la forza, il genio, la penetrazione di quest'Anima grande, e sotto le sembianze di una tenera Moglie i talenti tutti d'un'illuminata Sovrana. Voleva perciò consultarla pur qualche volta nelle Principesche sue cure; e qui è, miei Signori, dove diede prove sensibili di sua tenerezza verso l'Augusto Consorte. Il buon esito degli affari, in bocca

della

della Regina, tutto dovevaſi al Re: l'eſito qualche volta infelice attribuiva a ſe ſteſſa. Dalla clemenza del Re otteneva grazie a colpevoli, a nemici perdono, a miſeri beneficenze; ma a chi ſi provaſſe di ringraziarla, ſoleva dire piacevolmente = *a me non ſi debbono ringraziamenti: andate, e ringraziatene il Re, perchè Egli ſolo può far le grazie* =. Così la luce tutto riſchiara, e vivifica il Mondo; ma accenna ſempre quel Sole, da cui dipende. Ad ELISABETTA baſtava, che glorioſo foſſe il ſuo Spoſo, ed era di queſto ſolo contenta. Degna maſſima di una Moglie, ma che adottar non ſi può, ſe ad una giuſta penetrazione di ſpirito unita non ſia una egual tenerezza di cuore.

Ed avvi pure delle circoſtanze, Uditori, nel corſo di queſta vita mortale, in cui e Sovrani, e Sudditi eguali ſono, perchè ſentono egualmente le ſcoſſe di loro mortalità. Dallo ſpirito del Conſiglio erudita la noſtra FARNESE, queſto conobbe, eſſere una Moglie chiamata a partecipare egualmente e le buone, e le ree venture del ſuo Conſorte. Tutte quindi eſprimeva nell' animo, e ſue riputava le tolleranze dell' Auguſto ſuo Spoſo,

so, mentr'era nel tempo stesso ed ardente, e sollecita in sollevarle. Non separarsi mai dal suo fianco, e non voler vivere, che per soffrire con Lui. E quando piacque alla Providenza celeste di rapir quell'Anima grande, anzi che rallentarsi la tenerezza di nostra Eroina, parve si facesse anche maggiore. Altro Ritiro non volle fuorchè quello stesso, che l'amata Spoglia chiudeva; e giunta a S. Idelfonso, prima di metter piè nei Reali Appartamenti, volò alla Tomba del diletto Sposo, riandò quelle ferali orme di morte, le bagnò col suo pianto, e due gran vittime offerse nel tempo stesso al suo Dio, la vita del Re, ed il proprio dolore. Dopo una perdita sì funesta non ebbe più il Mondo allettamenti per Lei. Rinunziò da quel punto a' più innocenti piaceri, fisa mai sempre nel dolente pensiero d'aver perduta in uno Sposo amatissimo la miglior parte di se medesima. Di queste Mogli, o Signore, perchè non ne abbiamo noi molte ad onorare la Religione, e a render felice la Società!

Una Moglie sì tenera e per bontà di natura, e per virtù di consiglio, e per forza di riflessione, non potea non essere anche una Madre sollecita.

lecita. Piovve Iddio nel feno Augufto di quefta Madre le fue benedizioni, e vide crefcere la numerofa fua Prole, quafi in campo fecondo novelle Piante di pacifico ulivo, nel giro della fua Reggia. Ma dallo fpirito illuftrata di criftiano configlio, conobbe da Dio eſſere ogni paternità e fu in Cielo, e giù nella Terra, ed in ciò confiftere l'amor follecito di una Madre, nel ritornarli a Dio folo con una piiffima educazione. Quanto ftudiò perciò nella fcelta dei Direttori, che li formaſſero, e quali doti in effi non richiedeva! Quanta follecitudine nell' allontanare dal loro fianco chiunque ardiffe pronunziar qualche maffima di meno onefta Morale! Ardeva allora di zelo, che fuor degli occhi vibrandofi, faceva temere al colpevole quanto ha di terribile la giufta vendetta di una Madre, e lo fdegno potente di una Sovrana. Ma foſſero pure quali eſſer dovevano d'ogni fperanza più grandi i Genj a tanta cura trafcelti, non era paga con tutto ciò. In mezzo allo ftrepito della Corte, forte rimprovero a tante Madri private, voleva educarli Ella fteffa e nei principj di Religione, e nelle maffime di pietà. Udir voleva dalla lor bocca le regole direttrici delle nafcenti ti loro virtù, ed ai lumi chiamarle della ragione, ai diritti della Società, alle leggi del sacrosanto Vangelo.

Se non che quel cuore medesimo, che la rendeva tanto sollecita, faceva ben prevedere all'intendentissima Principessa, che nel tempo stesso, in cui educava i suoi Figli, educava de' Principi, e de' Reggitori all'Europa, tanto perciò dover essere la sua sollecitudine maggiore, quanto è più difficile dare al mondo dei Sovrani, che allevare dei sudditi ai Sovrani del mondo. Li volle quindi nelle virtù degli Eroi di buon'ora formati, perchè degni fossero di quell'Impero, cui destinavali la Providenza. Volle imparassero a vivere così tra gli agi della Corte, come alla testa delle Armate, e nei disagi di un campo, a sopportare i colpi della sorte, a bravar l'opulenza, egualmente che la miseria, ad esser Principi in ogni luogo, in ogni tempo, in ogni circostanza. Cortesi li volle, manierosi, ed affabili con genti d'ogni maniera, generosi, liberali, e benefici, ripetendo ad Essi sovente quella gran massima = *Non doni il Principe, se non vuol donare da Principe* =. A dir tutto, non le bastava di formar

mar dei Sovrani, se tali non li formasse, che fossero la felicità de' lor Sudditi. E noi, noi medesimi siamo pur testimonj del frutto grande di sue lezioni.

Allevatili con tanta cura al governo degli uomini, fu appresso del Re sollecita promovitrice dei sovrani loro destini. Nè qui l'affetto di Madre superò d'alcun poco i doveri della giustizia: che non cercò d'elevarli se non coi proprj diritti, o coi diritti della Corona. Spogliossi delle sue ragioni per investirneli: con occhi asciutti due ne vide dal materno fianco staccarsi nel fior degli anni per esporsi ai pericoli della guerra: udì senza scuotersi le vicende dell'armi alcuna volta infelici; ma non si diede già posa questa Madre sollecita fin' a vederli in possedimento pacifico di lor ragioni. Ed oh il bel frutto di sue sollecite cure! La numerosa Prole d'Eroi, che diede all' Europa! Una Regina al Portogallo, una Delfina alla Francia, una Duchessa alla Savoja, un Re alle Due-Sicilie, gloriosissimo in oggi Monarca delle Spagne. Oh dì felicissimo, in cui l'invitto Re CARLO tra le lagrime, e i voti degl'Itali Genj, che abbandonava, fu incontrato la prima volta da quefta Madre follecita, ricco la fronte, ed adorno colle luminofe Corone delle Spagne, e dell'Indie! Oh lunghi anni di penofiffima affenza, come bene da così lieto iftante ricompenfati! Teneriffimi ampleffi, voci interrotte dal giubbilo, lagrime di piacere, che dagli occhi fgorgafte di una Madre, che dopo ftagion sì lunga abbracciava il fuo Figlio, e nel fuo Figlio il fuo Re, quanto fofte diverfe da quelle lagrime di amarezza, giufto tributo del materno dolore alla morte immatura d'un altro Figlio, che fu, o Parma, il tuo Reale Sovrano! Amabile D. FILIPPO, e debbo pure mefcolar le tue ceneri colle ceneri di una Madre sì cara, e richiamar ful labbro il tuo Nome, e riaprir l'acerba mia piaga, e rinnovar la memoria di quella perdita, che non potrà mai eguagliarfi dal giufto noftro dolore? In tanta, e sì oppofta viciffitudine di cofe quefto difpofe la Providenza celefte, che la noftra Eroina fu ogni giorno più docile allo fpirito del configlio; e fe con quello diriger feppe il fuo cuore, e fu una tenera Moglie, una Madre follecita, da quello anche animata conobbe le vanità della terra, feppe pe far uso di sua grandezza, e fu mai sempre una Regina modesta, una Regina benefica.

Questo opera lo spirito del consiglio in un' anima docile, metterle sugli occhi il fango di sua mortalità, e farle conoscere, che il primo buon uso dell'umana grandezza in ciò sta riposto d'esser eguale a se stessa, di maniera che non s'innalzi soverchiamente nelle grandi prosperità, e non s'avvilisca vergognosamente nelle grandi disavventure. Ma una tale eguaglianza non può venir che da Dio, e dalla Religione, o Signori. Siate pur fieri delle scienze vostre, o Filosofi; in vano vi lusingate di poter esser virtuosamente modesti colle sole forze della mondana Filosofia. Quella stessa indipendenza ribelle, che affettate dalla Religione, e da Dio, forma in voi il carattere d'una mostruosa superbia, e fa vedervi le tante volte, che se siete Filosofi nelle vostre meditazioni, siete meno che uomini nelle vicende della fortuna. Può l'umano consiglio suggerire delle gran massime, ma non dà forza per praticarle; può illuminar l'intelletto, ma non può muovere il cuore. E' un soffio d'aura, che passa; è una foglia, che vien rapita dal vento; è una

una debole canna a fabbricar le rovine di chi ne forma un appoggio. Non così quel configlio, che vien da Dio. Questo ci rappresenta un Essere amabilissimo, che ci dirige, un culto, che Lo onora, una virtù, che a Lui piace, e che può solo ricompensare. Sono opera delle sue mani e le felicità, e le disgrazie, e le grandezze, e le umiliazioni, e la vita, e la morte. Come insuperbirci nelle prime per doni, che non son nostri; come avvilirci nelle seconde per colpi, che son la nostra salute? Quest'è il configlio, che vien da Dio, ed è un dono dello Spiritossanto. Da questo illustrata la nostra FARNESE, seppe far uso di sua grandezza, e fu veramente una Regina modesta. Ma come l'ottenne, o Signori? colla sua Religione l'ottenne, colla sua pietà.

Quanta gelosia di conservar senza macchia la Religion de' suoi Padri! Il non parlarne alla sua presenza colla più profonda venerazione era lo stesso, che eccitarsi contro il suo sdegno. = *Bisogna credere ciecamente in materia di Religione*, solea dir la gran Donna, *perchè ai soli umili, e soggetti di cuore ha promesso Iddio i suoi lumi* =. Bel vederla, o Signori, frequentissima ai Sacramenti della Chiesa,

de-

deporre a piè degli Altari la Corona, e lo Scettro, e coll'umile esterior portamento negli spettatori svegliare idee più maestose della divina grandezza. Formavasi una solitudine del suo Oratorio, ed ivi piena della presenza di Dio molte ore passava della notte, e del giorno, che diceva essere le più tranquille, e le più piacevoli di sua vita. Arse anche di zelo per estendere della Religione i confini: e mentre chiamò da più parti celebri Missionarj per riformare il suo Regno, diede opera colla sua autorità, che altri spediti fossero a lontanissimi Climi per dilatar il Regno di Cristo. Con tale spirito di Religione sarà poi maraviglia, che in mezzo a tanta grandezza conservasse tanta modestia?

Piena di talenti, di lettura, di cognizioni, dove potea mai meglio farne mostra pomposa come sul Trono, in cui le debolezze fin'anco vengono consagrate talvolta da una greggia di adulatori? Ma ben persuasa, essere una Donna saputa il flagello della sua Casa, fu contenta di operar molto, e di parlar poco, come a modesta Donna convienfi. Questa fu la sua massima, altra dignità non avervi per una Madre, che il collocar

car la sua gloria nella stima del suo Consorte, ed i suoi piaceri nel bene di sua Famiglia. Madre dei Sovrani, cinta il crine colla Corona di vastissimi Regni, circondata da felicissimi eventi, amata da' Sudditi, venerata dagli Esteri, mai Donna alcuna non ebbe tanta ragione d'esser piena di se medesima, e gonfia del proprio merito: nè mai Donna alcuna fu meno guasta, ed infetta dall'amor di se stessa, meno schiava di vanità, meno amica del fasto, d'una vile adulazione. Ebbe un cuor sodo, che solo regger poteva al peso di tanta gloria. In somiglianza d' Esterre innalzò a Dio il suo cuore, da Lui solo la sua elevazion riconobbe, non riservando a se stessa, che una tenera gratitudine a quell'Esser supremo, ed il timore di abusarne. Chi può negarlo, che grandi cose non operasse quest'illustre Sovrana? Ma chi può anche nel tempo stesso negare, che non fosse questo il suo impegno, far credere di non operare mai nulla? Era la modestia la sua virtù favorita, per maniera che ad esser modesto, e discacciare dal cuore ogni pensiero di vanità bastava osservare il tenor della vita della REGINA. Pietà senza ostentatazione, moderazion senza fasto, Religione senza ipocrisia. A dir tutto, la modestia della Sovrana rendea modesti i suoi Sudditi; e noi ben sappiamo quanto abbia di forza sull'animo dei Sudditi l'esempio de' Grandi. Tutti gli Astri son luminosi, ma non han tutti una sfera egualmente capace. Dee dirsi lo stesso dei modelli delle virtù. Ognuno di essi nel cerchio, che occupa, e rischiara, e vivifica ciò, che ritrova vicino; ma un Monarca virtuoso sparge assai più lontano le salutevoli sue influenze di quello far possa un Cittadino privato. Sono eguali nelle virtù; ma il Sovrano vibra i suoi raggi da luogo più chiaro, ed eminente. Oh il bell'uso dell'umana grandezza, riformar senza strepito i costumi degl' inferiori!

E non era in Lei la modestia, come suol essere in molti, un'arte finissima di nascondere la vanità; ma una persuasione fermissima, che tutto è vanità: perchè essendo modesta nei prosperi avvenimenti, seppe far uso di sua grandezza, ed esser modesta egualmente nelle grandi disavventure. Vide cadere a' suoi piedi da improvvisa morte colpito il Reale suo Sposo, e come Moglie,

glie, e come Madre, e come Regina fu combattuta in un tempo dalla conjugal tenerezza, dalla materna follecitudine, dalla fua fteffa grandezza; ma in Dio fiffando lo fguardo non fi trattenne, in fomiglianza di debol fanciullo, che verfa lagrime inutilmente fulla pietra, che lo colpì: feppe anzi applicar coraggiofa il ferro fteffo all'acerba fua piaga, e trarne fangue per rifanarla. Tenne dietro a quell'efangue diletta Salma, abbandonando la Corte con quell'eguaglianza medefima, con cui afcefe ful Trono. Non mai meglio Regina, come in tanta modeftia, per cui feppe dominare fe fteffa, bravar la forte, vincerla, e trionfarne. E di tale trionfo non fu tenuta che a Dio, allo fpirito del configlio, ed alla propria moderazione. Di quefto folo fi dolfe, di non potere ancora fecondare a talento le pendenze del fuo tenero cuore, ed effere, come fempre effer volle, una Regina benefica.

Certiffima cofa è, che da quel punto, che ELISABETTA conobbe, e li conobbe fin da principio, i virtuofi caratteri dell'inclita Nazione Spagnuola, da quel punto fteffo l'amò. E come non amarla una Nazione piena di talento, e di

fpi-

spirito, e del vero merito discernitrice? Profonda ne' suoi pensieri, matura nelle sue deliberazioni, coraggiosa nelle sue intraprese, fulminante nelle armi, egualmente che amabile nella pace. Terribile a' suoi nemici, importante a' suoi Alleati, e che de' suoi Genj, e delle sue forze sicura, può tante volte, e sa tener tra le mani le bilance d'Europa. Questa fu la Nazione, che rapì il cuore della REGINA; ma la REGINA ottenne grazia nel cuor del Re. Riguardò pertanto se stessa come una Compagna da Dio data al Regnante per mitigarne all'uopo le collere anco più giuste, per addolcire il rigor delle leggi, per essere una Mediatrice tra il Re, ed il Popolo, in fine destinata a far uso di sua grandezza per far a tutti del bene. Abigaille così si prostrò a' piedi di David, e salvò la vita a Naballe: così la Donna di Tecua fe' Assalonne richiamar dall'esilio, e così alle preci d'Esterre fu cancellato quel sanguinoso Decreto, e liberato il Popolo dall'eccidio. Tutto questo collo spirito del consiglio la FARNESE conobbe; e conobbe anche di più, che a compiere questo sovrano dovere necessarissima cosa era una cert'aria vestire di piacevolezza, e

C d'ud'umanità, che è la prima beneficenza de'Grandi verso degl'inferiori, siccome è questa la grand' arte di comandare, ed il grande impero de' Principi, comandare, e regnare sul cuor degli uomini.

E chi mai vide tanta piacevolezza, quanta ne vide nella nostra REGINA? Aveva per massima, che il volto del Principe deve invitare i ricorrenti, e che l'asprezza del volto rende il Sovrano molte volte più inaccessibile, che non lo rende il ritiro della persona. Affabile perciò, e cortese con tutti, giuliva sempre, manierosa, e ridente ogni genere di persone ascoltava, e le più miserabili con piacer anche maggiore. Procurava a tutti giustizia; e se al favor della causa era unita nel ricorrente la miseria della persona, non paga allora della sola giustizia, colla sua liberalità sollevavane l'indigenza. Bisognava vederla supplichevole a pie' del Trono, bisognava udir la REGINA per non intendere dal suo labbro che voci di piacevolezza, di perdono, di soavità, e di clemenza. Con tra le mani la piena podestà dell' Impero, sarebbe stata una Debora, che giudicava il Popol di Dio, sedendo sotto la palma,
cioè

cioè in un luogo di tranquillità, e di pace. Che fe qualche volta doveva negar protezione per non offendere il giufto, addolciva per modo le negative, che partivan que' miferi malcontenti della lor caufa, ma fempre contenti della REGINA, che riparava foventemente a fue fpefe il torto chiariffimo di lor ragioni. Mifurò la gran Donna collo fpirito del configlio quel findacato terribile, che dall'Effer Supremo fta preparato ai Regnanti, e feppe col P. S. Agoftino, il fare ad altri mifericordia effere il folo mezzo per ottenerla. A quanti perciò fece ftendere il Regale Scettro, e liberar dalla morte; quanti richiamar dall'efilio, a quanti fe' reftituir i lor beni? E fe il delitto non prendeva di mira che i di Lei intereffi, perdonava da generofa, proteftando altamente di non aver altri nemici che le fue fole mancanze. No non è vero ciò, che fcriffe un Poeta, che il primo, che foffe Re, foffe un Soldato felice. Il primo, che fu Re, fu un Padre tenero di famiglia, che regnò fu dei Sudditi, come fopra de' fuoi figliuoli. Era ELISABETTA la comune Avvocata, la comune Madre di tutti. Sovrani del fecolo, vi pofe Iddio fopra la terra come suoi Sostituti, e Rappresentanti, non perchè foste attorniati mai sempre dai tuoni, e dai fulmini; per questo sibbene, che spargeste sui vostri Popoli e piogge feconde, e rugiade benefiche.

Fare agli altri del bene è il più bell'uso, che possa farsi dell'umana grandezza; ma una certa invincibile costanza nel far del bene ad onta degli ostacoli, che lo attraversano, pare propria singolarmente de' Principi. Unisce in essi la grandezza dell'animo alla grandezza del rango, ed è quello, che suol chiamarsi Eroismo. Se non che la fermezza, e la pertinacia hanno dei lineamenti, che le rassomigliano; e senza lo spirito del consiglio egli è troppo facile confonder l'una coll'altra, e cadere nel vizio sotto le apparenze della virtù. La pertinacia, senza nè pensar, nè riflettere, altro non fa che volere: nasce da uno spirito sciocco, e cattivo, che teme d'oscurar la sua gloria, se si ricreda da' suoi errori. La fermezza in opposito è la risoluzione costante di una mente sensata, che persiste nell'esecuzion di un progetto, che sia utile, e giusto, malgrado le opposizioni, che lo
com-

combattono, ed i travagli, che lo circondano. E' l'ignoranza, è la viltà, è la debolezza, che producono la pertinacia: è l'onore, è la virtù, è l'amor del pubblico bene, che ispirano la fermezza. Tale fu la nostra Eroina, che, dove trattavasi di far del bene, non seppe mai che cosa fossero indugio, indifferenza, inazione. Conosciutolo appena, era con tutte le forze sue invincibile nell'eseguirlo; ferma contro le difficoltà, intrepida nei pericoli, forte nelle più terribili oppofizioni. Volevasi alcuna volta il di Lei consiglio negli affari della maggior rilevanza? Fu impegno della gran Donna di propor sempre il più utile ai deboli, alla comun profittevole, alla Religion decoroso; e giugnesser pure al suo orecchio le critiche degli oziosi, le satire de' maldicenti, le censure de' falsi Politici, rimanevasi immobile nelle sue proposizioni. Somigliante a que' Corpi luminosissimi, che ci si aggiran sul capo, che via nel Cielo battendo l'illustre, e regolata loro carriera, non badano punto a ciò, che ne pensino, o ne scrivan gli Astronomi, che la laboriosa cura si presero di calcolarne i movimenti, e le macchie.

Qua-

Quale era poi la noſtra FARNESE, quando nelle ſue beneficenze non era arbitra che di ſe ſteſſa? Ma, Dio immortale! e come tutte ridirle? Spedali eretti dai fondamenti agl'infermi, altri alla ſicurezza degli eſpoſti fanciulli, figlie pericolanti mantenute a ſue ſpeſe ne' Monaſterj, viveri da rimote regioni col ſuo erario raccolti per ſaziar la fame dei poveri nelle gran careſtie, vedove provedute, pupilli alimentati, miſerabili d'ogni maniera dalla ſua beneficenza ſoccorſi, furono queſte le ſue delizie. Era preſſo che immenſa la ſomma di ſue limoſine, e ſolamente non ne otteneva chi non ardiva di domandarne, o chi modo non ebbe di far ſuonare al ſuo orecchio i gemiti della propria miſeria. = *Io non ſon mai più ricca,* ſoleva dir con piacere, *d'allora quando mi trovo ſpogliata di mie ricchezze per ſollevar le indigenze degl'infelici* =. Ed è pur vero, o Signori, che il compiacerſi nel far del bene è per ſe ſolo un gran premio; ma queſto premio non ottienſi giammai, che dopo averlo già meritato. Uomini di dovizie, i teſori voſtri a che giovano, ſe utili non li rendete al ſollievo de' miſerabili? Rapiſce tutto la morte, e le ſole

ric-

ricchezze vi accompagnano, che defte ai poveri per motivo di Religione.

Ciò però, che fece meglio rifplendere la beneficenza della noftra FARNESE, fu la fteffa maniera, con cui era benefica. Beneficava, è vero, per nobile tendenza di cuore, beneficava per lume di rifleffione; ma fopra tutto beneficava per movimento di tenera compaffione. Era, per ifpiegarmi così, come povera per fimpatia in tutti i poveri, abbandonata in tutti gli abbandonati, famelica, e fitibonda in tutti i miferi. Rara virtù ne' Grandi, che circondati per ogni intorno da mille ripari contro l'umane difavventure, ignorando che cofa fia foffrire, ignorano ancora che cofa fia compatire. Era ELISABETTA una face, che in eminente luogo elevata al comun bene ftruggevafi.

Oh Dio! che venne meno una vòlta quefta face medefima, e delle mortali cofe la condizione feguendo, fu agli occhi noftri rapita. Vide avvicinarfi la morte, nè diede luogo al timore, alla debolezza, al turbamento. E come turbarfi, fe da lunga ftagione già preveduta

duta l'aveva, e ad altro più non penſava, che a prepararſi per incontrarla? Negli ultimi meſi della preziofa ſua vita ben quattro volte la ſettimana ripurgar ſoleva il ſuo ſpirito colla Sacramental Penitenza, ed il paſceva altrettante coll'Eucariſtico Cibo. Piena dunque di Dio, e dell'onnipotente ſua Grazia, nel ſeno della Cattolica Chieſa, di cui fu ſempre umile, e ubbidiente Figliuola, morì tranquilla ELISABETTA FARNESE, e morì in Lei una Donna, che collo ſpirito del conſiglio diriger ſeppe il ſuo cuore, ſeppe far uſo di ſua grandezza. Seguì queſt'Anima grande il felice deſtino dell'immortale ſuo Spoſo, di cui fu tenera Moglie. Morì tranquilla ELISABETTA FARNESE; ma non furono già tranquilli i Reali ſuoi FIGLI, che onorarono col loro pianto una Madre ſollecita; tranquille non furono tutte le Anime buone, che in ELISABETTA perdettero il grand'Eſemplare d'una modeſta Regina; tranquilli non furono i miſerabili, che in Lei ſmarrirono un fonte di ſovrana beneficenza.

Nè tu, mia Parma, puoi già eſſer tran-
quil-

quilla, fecondando in oggi la dolente pietà del tuo R. SOVRANO, e porgendo gli eftremi voti lugubri ad una REGINA, che fu tua Figlia, e tua Madre. Ricordati, che in Te vide la luce; che fu nel tuo feno nudrita, ed allevata allo Scettro, debitrice alla Spagna della fua grandezza, ma debitrice a Te fola della fua nafcita. Richiama al penfiero, come qual Figlia, e qual Madre ti amò, e versò nel tuo feno le più illuftri beneficenze. L'amabil PRINCIPE, che ti governa, e ti bea, è un Pegno grande di quel tenero cuore, e di quella mano benefica. La R. PRINCIPESSA DELLE ASTURIE a gran deftini prefcelta, fe tratta fu dal tuo feno, fu anche parte delle fue cure. Degna NIPOTE di sì grand'AVA, imitatene le virtù, come n'efprimete i talenti.

E noi, miei Signori, intendiamo una volta la voce di Dio nella morte de'Grandi: voce, che fuona egualmente all'orecchio e dei Sovrani, e dei Sudditi: voce di Dio ai Sovrani per conofcere il vuoto delle umane grandezze, ed unirfi al primo loro principio: voce di Dio ai Sudditi nei Principi, che ci toglie, per amare i Principi, che ci lafcia.

CPSIA information can be obtained
at www.ICGtesting.com
Printed in the USA
BVHW041725301118
534454BV00011B/369/P